# NOTICE HISTORIQUE



SUR

# J. A. F. OZANAM

ANCIEN DOYEN

DES MÉDECINS DE L'HÔTEL-DIEU DE LYON,

CHEVALIER DE L'ORDRE DE LA COURONNE DE FER,

MEMBRE DES SOCIÉTÉS DE MÉDECINE DE

LYON, IÉNA, BRUXELLES,

PALERME, ETC.

PAR

## F. M. P. LEVRAT AINÉ,

EX-DOYEN

DES MÉDECINS DE L'HÔTEL-DIEU

DE LYON, MEMBRE DE LA SOCIÉTÉ DE MÉDECINE DE LA

MÊME VILLE, CORRESPONDANT DES SOCIÉTÉS MÉDICALES ET LITTÉRAIRES

DE PARIS, MARSEILLE, BORDEAUX, NIMES, MACON,

BOURG, BERLIN, BRUXELLES, ETC.

Lue
à la Société de Médecine de Lyon, dans sa séance
du 21 mai 1838.

LYON.

IMPRIMERIE DE L. BOITEL,

Quai Saint-Antoine, 36.

—

1838.

LYON, IMPRIMERIE DE L. BOITEL, QUAI ST-ANTOINE, 36.

# NOTICE HISTORIQUE

SUR

# J. A. F. OZANAM

ANCIEN DOYEN

DES MÉDECINS DE L'HÔTEL-DIEU DE LYON,

CHEVALIER DE L'ORDRE DE LA COURONNE DE FER,

MEMBRE DES SOCIÉTÉS DE MÉDECINE DE

LYON, IÉNA, BRUXELLES,

PALERME, ETC.

PAR

## F. M. P. LEVRAT AINÉ,

EX-DOYEN

DES MÉDÉCINS DE L'HÔTEL-DIEU

DE LYON, MEMBRE DE LA SOCIÉTÉ DE MÉDECINE DE LA

MÊME VILLE, CORRESPONDANT DES SOCIÉTÉS MÉDICALES ET LITTÉRAIRES

DE PARIS, MARSEILLE, BORDEAUX, NIMES, MACON,

BOURG, BERLIN, BRUXELLES, ETC.

Lue

à la Société de Médecine de Lyon, dans sa séance
du 21 mai 1838.

## LYON.

IMPRIMERIE DE L. BOITEL,

Quai Saint-Antoine, 36.

1838.

# NOTICE HISTORIQUE

SUR

# J. A. F. OZANAM,

LUE

A LA SOCIÉTÉ DE MÉDECINE DE LYON, DANS SA SÉANCE

DU 21 MAI 1838.

Messieurs,

Parmi les pertes que les sciences médicales, littéraires et industrielles ont faites pendant l'année 1837, il en est une qui a été vivement sentie par vous, comme par ceux qui savent apprécier le bien que font à la société tous les hommes dont les veilles et les travaux lui sont entièrement consacrés; nous voulons parler de la mort du docteur Jean-Antoine-François Ozanam.

Il naquit à Chalamont, département de l'Ain, le 9 juillet

1773, de Benoît Ozanam, l'un des douze châtelains de Dombes, neveu de Jacques Ozanam, mathématicien, membre de l'Académie des Sciences, et d'Élisabeth Baudin, qui appartenait par sa mère à la noble famille de Saillans dont le dernier rejeton périt en 1792, dans le mouvement royaliste du camp de Jalès.

Jean-Antoine-François, fils unique, entouré de toutes les affections et de toutes les espérances de ses parents, fut de bonne heure initié aux études classiques. En 1784, il entra au collège de Bourg, il y poursuivit avec de brillants succès le cours ordinaire des classes jusqu'en réthorique : il y trouva des condisciples qui devaient un jour être célèbres et demeurer ses amis, entr'autres MM. les frères Michaud et Durand-Mollard. (1). Il fit sa philosophie en 1790-1791 au séminaire de St. Irénée de Lyon, alors agrégé à l'université de Valence.

Destiné par son père à la carrière du barreau, il travailla dans les bureaux de l'enregistrement à Bourg en 1792 et 1793; c'est à cette époque qu'il se lia de la plus intime et plus durable amitié, avec le célèbre *Serulas*, alors élève pharmacien dans la même ville; et dont le commerce journalier lui devait inspirer pour la science chimique ce goût qui plus tard se développa si heureusement.

En octobre 1793, la Terreur qui avait renversé la fortune de sa famille et jeté son père en prison sous la menace d'un sort plus fatal, l'arracha à ses paisibles occupations pour le faire entrer dans le régiment de Berchiny.

---

(1) Son goût et ses connaissances en littérature et ses relations avec MM. Michaud, lui fournirent l'occasion de coopérer par quelques articles à leur Biographie Universelle.

L'avantage de l'éducation qu'il avait reçue et des talents dont il était doué, le fit parvenir, en 3 ans, au grade de sous-lieutenant. C'est en cette qualité qu'il prit part à la mémorable campagne de 1796. Il se trouva à *Millesimo, Mondovi, Lodi, Castiglione, Arcole, Rivoli.* Mais les revers qu'éprouvèrent ensuite nos armes sur les bords de la *Tribbia* et dans les plaines de *Novi*, affligèrent son courage et le décidèrent à donner sa démission, en novembre 1798, lorsqu'on lui offrait le grade de capitaine que ses services, ses blessures, la prise d'un drapeau et celle du prince *de la Cattolica*, général de l'armée napolitaine lui avaient bien mérité (1).

Peu de temps après et au mois d'avril, il devint le gendre de M. Nantas, marchand de soie, l'un des anciens recteurs de l'Hôtel-Dieu de Lyon.

Cette alliance l'engagea dans le commerce où il vit s'écouler huit années de sa vie qui ne furent pas les moins honorables, si elles ne furent pas les plus heureuses.

Plusieurs propositions lui furent faites à cette époque pour reprendre du service qu'il refusa, se sentant appelé à une mission plus bienfaisante et plus libérale.

Le régime impérial, vu de près, lui rendait odieux le séjour de Paris.

Il alla chercher en Italie une retraite paisible et laborieuse. Au commencement de 1809, il se fixa à Milan, et là, dégagé de tous les liens sociaux qui avaient enchaîné ses dispositions naturelles, il se prépara à aborder une nouvelle carrière. Il reprit ses premières études littéraires et scientifiques qui lui avaient toujours été chères et dans

(1) Envoyé, à cette époque, comme parlementaire au général *Souvarow*, il dut à son nom, qui était en grande vénération parmi les officiers russes, d'obtenir tout ce qu'il était chargé de demander.

la culture desquelles il trouva des avantages même pécuniaires.

Ainsi préparé, encouragé par notre célèbre Marc-Antoine Petit, qu'une opération importante avait appelé à Milan, il se fit inscrire à l'Université de Pavie, et au mois de décembre 1810, après y avoir subi de brillants examens, il reçut le diplôme de docteur en médecine,

*A pieni voti e con laude.*

De 1810 à 1816, il fréquenta les hôpitaux de Milan avec une assiduité qui devint courageuse, lorsque le typhus y fit des ravages effrayants en 1813. Ce fut à cette occasion qu'il reçut la décoration de la Couronne de Fer.

En 1812, il avait publié ses observations sur la doctrine du contre-stimulus du docteur *Rasori,* célèbre alors dans le monde médical : cet ouvrage eut deux éditions.

Les succès de clientelle répondirent aux succès de publicité et, sans doute, le Dr Ozanam serait demeuré au rang des médecins les plus distingués de la capitale du royaume Lombard-Vénitien, si l'émigration de la plupart des Français fixés en Italie et le désir de revoir son pays sous des auspices meilleurs ne l'avaient ramené à Lyon vers la fin de l'année 1816. Cependant de nombreuses relations avec le savant comte *Moscati, Locateli, Scarpa,* lui restèrent comme souvenir de cette époque mémorable de sa vie.

D'un autre côté, le Dr Ozanam s'était déjà fait connaître en France par des travaux qui devaient lui préparer un honorable accueil : en 1811, la Société de Médecine de Lyon lui avait décerné une médaille d'or pour un mémoire sur l'influence des maladies organiques des viscères du bas-ventre sur ceux de la tête et de la poitrine, et, en 1812, la Société de Médecine pratique de Montpellier lui décerna un prix semblable pour un mémoire sur les maladies organiques qui influent spécialement sur les organes de la poitrine.

Pénétré de ce passage des œuvres de Sydenham: « Les maladies épidémiques sont du nombre de celles qui attaquent le plus fréquemment les mortels, et qui sont le plus funestes aux jeunes gens et à l'âge viril. Elles affectent, presque chaque année, une nature et un caractère différent; et comme elles dépendent de causes manifestes et mécanico-physiques, et principalement de la constitution atmosphérique, des aliments et de la manière de vivre de chaque pays, il serait bien à désirer que les médecins apportassent tous leurs soins et toute leur attention à rechercher ces causes et à observer ces maladies, afin de pouvoir les prévenir, les connaître et les traiter d'une manière rationnelle, » pénétré, dis-je, de ces paroles de l'Hippocrate anglais, le Dr. Ozanam se livra sans relâche à la recherche des maladies épidémiques et contagieuses; il compulsa les auteurs qui s'étaient occupés de cette matière et il le fit avec d'autant plus de bonheur qu'il possédait la connaissance de presque toutes les langues; il examina les théories anciennes et modernes, il les compara entr'elles, retint ce qui lui parut utile à la science et à l'humanité et, en 1817, il publia son traité intitulé : *histoire médicale générale et particulière des maladies épidémiques, contagieuses et épizootiques* (1). On comprend l'importance d'un pareil

(1) En 1835, le docteur Ozanam a publié une seconde édition de ses épidémies dans laquelle il a fait des additions considérables et importantes, telles que la monographie complète du choléra indien, des détails curieux sur la peste noire du XIVe siècle, l'histoire de la variole et de la syphilis, de la dothinentérie, de l'acrodynie, de la diphtérite, de la stomatite, etc.; enfin il

travail, quand on sait que toutes les régions du monde, les continents, les îles, l'océan même sont sujets aux maládies épidémiques. Ainsi le matelazalmat, espèce de diapédèse ou sueur de sang, s'observe souvent parmi les peuplades sauvages qui errent sur les Cordillières ; le Siamois de l'ancien continent et l'habitant du Massachusset dans le nouveau, succombent à la fièvre jaune. L'insulaire des Maldives, le colon de l'humide Cayenne, l'Anglais rélégué à Botany-Bay, dans la cinquième partie du monde, voient trancher le fil de leur frêle existence par des fièvres de mauvais caractère. Le matelot est atteint du scorbut dans les navigations de long cours. Enfin, les déserts glacés de la Sibérie, le climat tempéré et salubre de la Suisse, la vallée chaude et humide que le Nil inonde et fertilise, les provinces chaudes et sèches du midi de l'Espagne, les hautes montagnes des Alpes et du Caucase, les plaines immenses de la Pologne, les bords de la Baltique et de la Méditerrannée, les marais de l'état ecclésiastique, les belles et fertiles campagnes de la France et de la Lombardie, et les riants vallons de la Toscane, éprouvent tous l'influence des maladies épidémiques. Il en est de stationnaires, c'est-à-dire qui affectent plus particulièrement certains pays comme le *sibbens* en Ecosse et le *tara* en Sibérie; d'autres parcourent les deux hémisphères, telle que l'*influenza*.

Plusieurs écrivains d'un grand mérite ont recueilli des épidémies et en ont publié des tableaux intéressants tels que *Sims* en Angleterre, *Baillou, Lepecq de la Cloture* et *Saillan*s en France; *Ramazzini* en Italie; *Villalba* en

termine cette 2<sup>e</sup> édition par une table bibliographique de tous les auteurs qu'il a compulsés.

Espagne; *Sydenham, Van Swieten, Huxam* ont écrit sur les constitutions épidémiques. On connaît les travaux de *Schnurer, Brandeis, Jutfeldt* et *Webster* sur les épidémies en général, mais la difficulté de rassembler une multitude de faits épars et d'observations disséminés dans une immensité d'ouvrages et de mémoires particuliers écrits dans toutes les langues, avait, sans doute, empêché d'en former un corps complet de doctrine fondée sur la pratique, abstraction faite de toutes théories, le plus souvent vaines et même dangereuses.

Malgré les obstacles qu'il avait à vaincre, le docteur Ozanam, pénétré de l'importance d'un tel ouvrage, l'a entrepris avec courage et persévérance et nous croyons qu'il a rendu un véritable service à la science médicale.

Voici le plan qu'il a suivi : après avoir recueilli plus de mille maladies épidémiques et contagieuses, il les a classés autant qu'il lui a été possible, par espèces et chacune par ordre chronologique.

Dans une première partie, il parle du caractère générique de l'épidémic et de la contagion, de manière à établir avec précision ces deux phénomènes morbides et à en faire sentir la nature particulière et la différence. Il passe ensuite à l'histoire chronologique des maladies qu'il a cru devoir diviser en six classes principales; savoir : 1° maladies purement épidémiques; 2° maladies épidémico-contagieuses et infectieuses; 3° contagio-infectieuses ou miasmatiques non épidémiques; 4° épidémies d'une nature indéterminée, 5° épidémies pandémiques, ou propres à certains pays, et 6° épizooties.

Comme on le voit, cet ouvrage, fruit de longues et savantes recherches est un véritable compendium où le praticien trouvera aisément tout ce qui peut l'éclairer pour reconnaître, juger et traiter les différentes maladies épidémiques connues jusqu'à ce jour.

C'est avec de pareils antécédents, c'est avec une réputation d'écrivain érudit, et de praticien savant, que le docteur Ozanam se présenta, en 1817, au concours, à la suite duquel il fut nommé médecin de l'Hôtel-Dieu de cette ville. Il en remplit les fonctions, pendant dix ans, avec cet esprit observateur qui caractérise si bien le véritable médecin. Comme ceux qui ont parcouru et qui parcourent cette honorable carrière, il avait compris tous les besoins du malade d'hôpital; il savait que l'homme souffrant, loin du foyer domestique, séparé de sa famille, doit trouver dans le médecin, non seulement un ami, mais un protecteur en toutes choses; aussi le docteur Ozanam devint-il la providence de chaque malade confié à ses soins: et l'estime publique dont il jouissait et les larmes que sa mort a fait répandre justifient assez cette vérité. Au mois de septembre 1821, M. Ozanam se présenta au concours de l'Ecole secondaire de Médecine de Lyon, pour la place de professeur de thérapeutique et de matière médicale; constamment à la hauteur de sa réputation, il traita les questions qui lui échurent, avec cette étendue de savoir, d'érudition et de talent pratique qui lui mérita à plusieurs reprises l'approbation d'un nombreux auditoire; on remarqua surtout la manière savante et lumineuse avec laquelle il avait traité une question sur les poisons, cependant il n'obtint que la place de professeur adjoint, et, si quelque chose pouvait relever le mérite de son heureux compétiteur c'est d'avoir vaincu un pareil adversaire.

Malgré les devoirs que lui imposait la place de médecin de l'Hôtel-Dieu, malgré une clientelle nombreuse, le docteur Ozanam trouvait du temps pour se livrer, non seulement aux travaux de sa profession, mais encore à des recherches, à des expériences chimiques pour conditionner, décreuser, teindre les soies, etc. (1).

Plusieurs mémoires, restés inédits, prouvent l'immensité des connaissances qu'il possédait sur les différentes branches d'industrie qui, depuis long-temps, ont fait de Lyon la capitale du commerce.

A ces travaux; spéciaux, le docteur Ozanam ajoutait d'autres travaux, ainsi l'histoire du commerce de Lyon, son origine, ses progrès occupaient ses loisirs; enfin il a publié, dans ces derniers temps, une statistique du clergé de Lyon et de son diocèse où l'on admire la patience qu'il a mise dans les recherches et la lucidité dans l'exposition des faits. Cet ouvrage valut à son auteur, en 1827, de la part de l'Académie des Sciences de Lyon une mention honorable.

La perte d'une fille chérie avait donné à son caractère une teinte mélancolique; ami de la vérité, il apportait parfois trop de sévérité à la défendre; mais, il faut aussi le dire, ses adversaires n'étaient pas à lui faire attendre long-temps une justice qu'il méritait par la franchise des armes qu'il employait; et nous qu'il honorait de son estime et de son amitié, nous pouvons affirmer que son cœur fut toujours bon, toujours généreux.

Ami des artisans, au milieu desquels il passait une grande partie de son temps, comme médecin, comme chimiste (2) ou

(1) L'Académie royale des Sciences, Arts et Belles-Lettres de Lyon avait mis au concours la question suivante, pour les années 1822, 1823, 1824 et 1825 : « Trouver le moyen de décreuser complètement la soie, sans l'énerver « et sans employer le savon ni aucune substance alkaline.

Le prix ne fut pas décerné, mais une médaille d'or de 300 francs fut offerte au docteur Ozanam pour le mémoire qu'il avoit envoyé au concours.

(2) La réputation de chimiste instruit et de médecin légiste lui avait mérité

industriel, il était toujours prêt à les défendre contre celui qui aurait voulu les tromper (1).

Animé de ce noble sentiment qui rend égaux tous ceux qui travaillent, il ne pouvait connaître une injustice sans chercher à la faire réparer; homme universel, il parlait de tout et sur tout avec cette bonhommie qui attache et cette simplicité qui séduit. Peu fait pour les mouvements oratoires, c'est dans le tête à tête et dans les réunions d'amis qu'il fallait l'entendre pour le juger.

Le docteur Ozanam s'occupait aussi de l'éducation de ses fils et il a contribué par là à faire de l'aîné un ecclésiastique déja remarqué quoique jeune, et du second un avocat qui s'est placé à côté des hommes les plus distingués de son ordre.

C'est à 64 ans, le 12 mai 1837, au milieu d'une carrière honorable, à la veille de jouir, dans le repos, de ses succès comme médecin et du bonheur de voir ses fils marcher dignement dans la route qu'il leur avoit tracée, que le

la confiance des magistrats, et, plus d'une fois, il jetta une vive lumière sur des questions qui pouvaient les embarrasser. Toutefois il ne donnait son avis qu'après avoir bien examiné, bien vu et revu, et, dès que sa conviction était établie, rien ne pouvait le faire changer; ni les menaces, ni les offres d'argent n'eurent sur ses déterminations la moindre influence. Vérité, probité, intégrité formaient sa devise constante. Ainsi, dans une cause célèbre, un chimiste attribuait la présence de quelques atomes d'arsenic aux tubes de verre qui avaient servi aux différentes épreuves; le docteur Ozanam, avec l'esprit d'observation et d'exactitude qu'on lui connaissait, fit de nouvelles expériences et il en tira cette conséquence, que, jamais et dans aucune circonstance, les tubes de verre blanc ne pouvaient contenir de l'arsenic. L'Académie royale de Médecine, chargée par le ministre de résoudre la question, confirma toutes les expériences qui avaient été faites par le docteur Ozanam.

(1) Un ouvrier, père d'une nombreuse famille, en sortant de chez celui qui l'occupait et d'où il venait de régler et recevoir ce qui lui était dû, se rend chez le docteur Ozanam pour lui payer quelques visites; Ozanam a la curiosité de

docteur Ozanam est descendu dans la tombe, à la suite d'un accident imprévu (1).

Sa mort a plongé dans la plus vraie et la plus légitime douleur sa famille, ses amis et les pauvres dont il était le consolateur et l'appui.

vérifier le livre de l'ouvrier; il reconnaît une erreur de 23 francs à son préjudice; il le renvoya avec un billet chez son chef qui lui compte cette somme, mais cesse de l'occuper. Ozanam qui s'attendait à ce dénouement avait déjà trouvé de l'ouvrage pour le père de famille. —

(1) En allant visiter un malade dans la maison portant le n° 4 de la place St-Nizier, le docteur Ozanam tombe dans l'escalier d'une cave, frappe la tête contre le mur : malgré la violence de la chûte, il se relève, se fait conduire chez lui où il ne peut prononcer que le mot : saigner; malgré de promps secours, il expire 4 heures après l'accident.

9 782019 974879